ILUMINURAS

EDIÇÃO: VINHA DE LUZ - Serviço Editorial
Departamento Editorial da Casa de Chico Xavier de Pedro Leopoldo
Av. Álvares Cabral, 1777 | 20º andar | Sala 2006
Santo Agostinho | 30170-001 | Belo Horizonte | MG
(31) 2531-3200 | 2531-3300 | 3517-1573
www.vinhadeluz.com.br | informacoes@vinhadeluz.com.br
www.casadechicoxavier.com.br

COORDENAÇÃO EDITORIAL
Cezar Carneiro de Souza | Geraldo Lemos Neto
PROJETO GRÁFICO| CAPA | DIREÇÃO DE ARTE
Luiz Augusto da Costa
DIAGRAMAÇÃO | REVISÃO TÉCNICA
Célia Maria de Oliveira Soares

1ª edição - abril 2009 | 2.000 exemplares
2ª edição - setembro 2012 | 2.000 exemplares

Dados Internacionais de Catalogação na Publicação (CIP)
(Câmara Brasileira do Livro, SP, Brasil)

Emmanuel (Espírito).
    Iluminuras / pelo espírito Emmanuel ; psicografia
Francisco Cândido Xavier ; organização de Cezar
Carneiro de Souza . -- Belo Horizonte :
Vinha de Luz, 2012 .

    Bibliografia.
    ISBN 978-85-63716-14-9

    1. Espiritismo 2. Psicografia I. Xavier,
Francisco Cândido, 1910-2002. II. Souza, Cezar
Carneiro de. III. Título.

12-11372   CDD-133.93

Índices para catálogo sistemático :

1. Mensagens psicografadas : Espiritismo 133.93

ILUMINURAS

SERVIÇO EDITORIAL

Belo Horizonte
2012

Epígrafe

O título deste livro tem origem no verbo *iluminar* e *iluminura* é também o nome das pinturas coloridas nos livros e manuscritos da Idade Média.

Além de seu significado essencial, uma *iluminura* era, à época, um tipo de desenho comumente empregado no início de capítulos em determinados livros, especialmente os confeccionados nas instituições religiosas – conventos e abadias medievais.

A arte da *iluminura* foi considerada um ofício expressivo naquele tempo, figurando em grande parte das obras literárias produzidas.

Uma obra *iluminada* seria fundamentalmente aquela decorada com ouro ou prata, contudo, na atualidade, o termo *iluminura* designa qualquer interferência gráfica num texto.

edicatória

Ao *Dr. Rômulo Joviano*,
nosso preito de eterno
amor e gratidão.

Sumário

APRESENTAÇÃO   **19**

1 | CONFIANÇA EM DEUS   **23**

2 | O BOM DISCÍPULO   **24**

3 | PROTEÇÃO   **25**

4 | FORÇAS CURATIVAS   **26**

5 | O ESPIRITISMO E O ESPÍRITA   **27**

6 | FÉ E FENÔMENO   **28**

7 | BOA VONTADE   **29**

8 | DÚVIDA E FÉ   **30**

9 | CALMA   **31**

10| REDENÇÃO   **32**

11 | ESCOLHA   **33**

12 | CONSCIÊNCIA ESPÍRITA   **34**

13 | AOS BRASILEIROS   **35**

14 | ESPIRITISMO NA EUROPA   **36**

15 | NA DIVULGAÇÃO   **37**

16 | SIMPLIFICAR   **38**

17 | HÍFEN DE LUZ   **39**

18 | FUNÇÃO DO ESPIRITISMO   **40**

19 | CRENÇA   **41**

20 | ORAÇÃO E VIGILÂNCIA   **42**

21 | NO MUNDO   **43**

22 | PROPAGANDA ESPÍRITA   **44**

23 | ÁGUA FLUIDA   **45**

24 | NA MORTE   **46**

25 | ORIGEM DO BEM   **47**

26 | A REVELAÇÃO ESPIRITUAL   **48**

27 | A GRANDE LIÇÃO   **49**

28 | BEM-AVENTURANÇA   **50**

29 | COMEMORAÇÕES   **51**

30 | PREVENÇÃO DA SAÚDE   **52**

31 | SERENIDADE   **53**

32 | DEUS DE VIVOS   **54**

33 | ELES DORMEM   **55**

34 | O EVANGELHO   **56**

35 | NO SILÊNCIO   **58**

36 | BENEFÍCIOS DO TRABALHO **59**

37 | COLABORADORES **60**

38 | BOA NOITE **61**

39 | O BOM SONO **62**

40 | ENFERMIDADE ÚTIL **63**

41 | NAS ESFERAS DE LUZ **64**

42 | BOM TRABALHADOR **65**

43 | NOVAS ENERGIAS **66**

44 | HOMENAGEM A KARDEC **67**

45 | ORAÇÃO E TRABALHO **68**

46 | VITÓRIA **69**

47 | SAÚDE **70**

48 | PENSAMENTOS **71**

49 | COM JESUS **72**

50 | REPOUSO **73**

51 | ANTIDISTÔNICO **74**

52 | SALÁRIO **75**

53 | O TESTEMUNHO **76**

54 | SOLIDÃO APARENTE **77**

55 | MISSÃO E TESTEMUNHO **78**

56 | COLÔNIA "NOSSO LAR" **79**

57 | DISCIPLINA   **80**

58 | NO TRABALHO ÚTIL   **81**

59 | CONFIEMOS   **82**

60 | AMIGOS   **83**

61 | A PRESSA   **84**

62 | AUXÍLIO   **85**

63 | O PÃO DA VIDA   **86**

64 | TRANQUILIDADE   **87**

65 | VALOR DA PRECE   **88**

66 | EM PAZ   **89**

67 | NO CAMINHO   **90**

68 | NATAL   **91**

69 | NO MUNDO   **92**

70 | ASPIRAÇÕES   **93**

71 | VISÃO   **94**

72 | TEMPO ÚTIL   **95**

73 | PAZ?   **96**

74 | ANTE A CRÍTICA   **97**

75 | ANTE A INCOMPREENSÃO   **98**

76 | SEM MEDO   **99**

77 | O PASSE   **100**

78 | DAI E VOS SERÁ DADO **101**

79 | OTIMISMO **102**

80 | A DEUS E A MAMON **103**

81 | ESCÂNDALO **104**

82 | DOUTRINA ESPÍRITA **105**

83 | LUZ EDIFICANTE **106**

84 | A LUZ DO SENHOR **107**

85 | CIÊNCIA **108**

86 | A FORÇA DO SILÊNCIO **109**

87 | OS LIVROS DE ANDRÉ LUIZ **110**

88 | ALIMENTO ADEQUADO **111**

89 | MERECIMENTO **112**

90 | LUZ, PAZ E VIDA **113**

91 | DIETA **114**

92 | MALEFÍCIOS DA GUERRA **115**

93 | RUMO AO CÉU **116**

94 | NÓS MESMOS **117**

95 | O MISSIONÁRIO **118**

96 | DIVERGÊNCIA **119**

97 | O COMPROMISSO... **120**

98 | ANTE A LIÇÃO **121**

99 | COM O ARADO — **122**

100 | O CONSELHO DO APÓSTOLO — **123**

101 | OS ENTUSIASTAS — **124**

102 | COM EQUILÍBRIO — **125**

103 | ESTAR COM JESUS — **126**

104 | A PROTEÇÃO — **127**

105 | SERENIDADE E ENERGIA — **128**

106 | ESFORÇO — **129**

107 | APRENDER, ANALISAR E SERVIR — **130**

108 | ANFITRIÕES — **131**

109 | À MULHER — **132**

110 | NOS GOLPES DA LUTA — **133**

111 | AJUDA DOS ESPÍRITOS — **134**

112 | REMÉDIO SALUTAR — **135**

113 | AS HORAS — **136**

114 | ROGATIVA — **137**

115 | NO ALÉM — **138**

116 | NO TRABALHO ESPIRITUAL — **139**

117 | LIVRO DE ANDRÉ — **140**

118 | NA LUTA DIÁRIA — **141**

119 | PARA ELEVAR-SE — **142**

120 | IDE E PREGAI **143**

121 | FUNÇÃO DEFINIDA **144**

122 | DEVER **145**

123 | PAUSA **146**

124 | COM DEUS **147**

125 | BOM ÂNIMO **148**

126 | JÚBILO PELO NOVO LIVRO... **149**

127 | INTERMINÁVEIS DISCUSSÕES **150**

128 | A SAÚDE DO CHICO **151**

129 | NA BATALHA **152**

130 | EMPENHO **153**

131 | OCIOSIDADE **154**

132 | O CORPO **155**

133 | FÉ RENOVADORA **156**

134 | USINA DO CRISTO **157**

135 | ANDRÉ LUIZ **158**

136 | O LIVRO "LIBERTAÇÃO" **159**

137 | A VONTADE SUPERIOR **160**

138 | NA CONQUISTA DA PAZ **161**

139 | O VALOR DA PRECE **162**

140 | NOSSA TAREFA **163**

141 | QUEM? **164**

142 | A FOME DO POVO **165**

143 | NOVOS TEMPOS **166**

144 | SANTA NATUREZA **167**

145 | CALMA E DESCANSO **168**

146 | NAS REUNIÕES **169**

147 | OPORTUNIDADE ABENÇOADA **170**

148 | DISPUTA **171**

149 | A SENHA **172**

150 | A GRATIDÃO... **173**

151 | ACAUTELAI-VOS **174**

152 | NA TAREFA **175**

153 | NO SERVIÇO À VERDADE **176**

154 | ESPECIAL TRIBUTO **177**

155 | TRINTA ANOS **178**

156 | LIBERDADE **179**

157 | O INÍCIO DE DIVULGAÇÃO... **180**

158 | SEMPRE ATENTOS **181**

159 | PERSEVERANÇA **182**

160 | LEVANTA-TE **183**

161 | QUALIDADE **184**

162 | NO CURSO DA VIDA **185**

163 | IRRISÃO **186**

164 | BOM LIVRO **187**

165 | PRECAUÇÃO **188**

166 | ANO NOVO **189**

167 | A MORTE **190**

168 | O PROGRAMA **191**

169 | DIVINAS VIRTUDES **192**

170 | A VIDA **193**

171 | SABER SEGUIR **194**

172 | CONFIANÇA E OTIMISMO **195**

173 | COM ALEGRIA **196**

174 | CONFIANÇA **197**

175 | GRAVE TAREFA **198**

176 | AVANCEMOS **199**

177 | O CRISTO E NÓS **200**

178 | A FELICIDADE HUMANA **201**

179 | INDIVÍDUO: LAR E ... **202**

180 | PACIÊNCIA **203**

181 | PACIÊNCIA NA DOR... **204**

182 | PACIÊNCIA É AMOR **205**

183 | DIVINA MENSAGEM ...   **206**

184 | BÊNÇÃOS   **207**

185 | VENCEDOR   **208**

186 | SERMÃO   **209**

187 | RECUPERAÇÃO SOCIAL   **210**

188 | APERFEIÇOAR-SE   **211**

189 | FERRAMENTAS BENDITAS   **212**

190 | EDUCAÇÃO RENOVADORA   **213**

191 | A FORÇA DO BEM   **214**

192 | DOUTRINA ESPÍRITA   **215**

193 | REFORMA MORAL   **216**

194 | DINHEIRO E TRABALHO   **217**

195 | TRABALHO E SERVIÇO   **218**

196 | MUNDO FELIZ   **219**

197 | O GRANDE DIA   **220**

198 | RENÚNCIA   **221**

199 | SOLIDARIEDADE UNIVERSAL   **222**

200 | A VERDADEIRA FORTUNA   **223**

REFERÊNCIA BIBLIOGRÁFICA   **225**

BIBLIOGRAFIA INDICADA   **226**

LEIA TAMBÉM   **227**

Apresentação

Iluminuras é um livro composto de pensamentos e frases extraídos do livro *Deus conosco*, do venerável espírito Emmanuel, psicografado por Francisco Cândido Xavier nas décadas de 30 a 50, durante o culto cristão no lar do Dr. Rômulo Joviano, na Fazenda Modelo, em Pedro Leopoldo| MG.

A riqueza dos ensinamentos evangélicos do livro fala por si só, atestando o amparo de nosso Senhor Jesus Cristo à divulgação da Doutrina Espírita, codificada pelo apóstolo Allan Kardec.

Cezar Carneiro de Souza

Os títulos das lições deste livro são de autoria do organizador.

19

1 | CONFIANÇA EM DEUS

Pede sempre a Deus que te conserve no íntimo a serenidade e o desassombro, necessários no desdobramento de serviços da missão que te compete realizar.

2 | O BOM DISCÍPULO

A preocupação de todo bom discípulo deve ser a de representar em si mesmo um instrumento fiel da Vontade Superior que nos preside os destinos. Semeia sempre o bem.

3 | PROTEÇÃO

Guias devotados e amigos te estendem as mãos fraternas e protetoras, buscando elevar teu pensamento para o plano de conhecimento superior, oferecendo-te alvitres valiosos e fazendo desabrochar em teu pensamento de lutador as inspirações mais salutares na estrada da fé ativa e realizadora.

4 | FORÇAS CURATIVAS

Alivia sempre os tristes, os enfermos e os infelizes, mobilizando as tuas forças curativas, consciente de que não estás dando aquilo que constitui parte integrante de tua personalidade, mas convicto dos instrumentos das forças generosas e curadoras do mundo invisível, as quais transmitem, por teu intermédio, os mais benéficos elementos da terapêutica espiritual.

EMMANUEL

5 | O ESPIRITISMO E O ESPÍRITA

Espiritismo, meu bom irmão, como já lhe disse alhures, será o que os homens dele fizerem. Que todos os discípulos do Mestre saibam apreciar o valor da renúncia, do amor, da humildade e do sacrifício e, sobretudo, que estudem aquela necessidade premente dos tempos atuais de reforma, não do exterior, mas dos corações, do íntimo, a fim de que as instituições terrenas sejam, de fato, renovadas.

6 | FÉ E FENÔMENO

Sem o concurso da fé e sem a luz do coração todos os fenômenos são fogos fátuos no grande labor de esclarecimento das almas.

EMMANUEL

7 | BOA VONTADE

rê. A mão de Jesus guiará sempre, em todos os tempos, os espíritos de boa vontade. Para estes haverá sempre aquele "acréscimo" de que nos fala a lição divina.

8 | DÚVIDA E FÉ

uitas vezes tens o espírito trabalhado pela dúvida e pela descrença, entretanto, não avalia quanto bem te fará a fé que renova constantemente as energias da alma.

9 | CALMA

Muita calma e serenidade. Preferi, em todas as circunstâncias, a serenidade das vossas consciências.

ROD_2.ed.indd 31 26/04/2018 01:05

10 | REDENÇÃO

Na pobreza, na dificuldade, a alma aprende a lei da redenção. No livro triste da dor aprende-se a ler o alfabeto de ouro do dever.

INTROD_2.ed.indd   32   26/04/2018

11 | ESCOLHA

uardai-vos do mal para que ele não vos atinja. Lembrai-vos da boa e da má semente. No mistério insondável da germinação, elas dão origem a milhares de frutos. Felizes todos aqueles que souberem efetuar a necessária escolha.

TROD_2.ed.indd 33 26/04/2018 01:05

12 | CONSCIÊNCIA ESPÍRITA

á necessidade de que se organize uma consciência espírita, na base da filosofia simples do Evangelho, apta a orientar os sentimentos coletivos num sentido de direção, dentro dos sagrados objetivos da paz e da fraternidade.

INTROD_2.ed.indd   34   26/04/2018   0

13| AOS BRASILEIROS

Aos brasileiros generosos e pacifistas, por índole, cabe a grande tarefa de evangelizar, mas é preciso que os companheiros da causa da luz e da verdade se atirem, com desassombro e renúncia pessoal, ao trabalho de elucidação das massas, afastando-as do fanatismo, dos fetiches e do espírito de seita.

14 | ESPIRITISMO NA EUROPA

Na Europa, onde o Espiritismo está mais ou menos encarcerado nas bibliotecas e nos laboratórios das convenções de toda ordem, o preconceito representa o mais sério obstáculo à formação de uma consciência coletiva dentro da filosofia.

15 | NA DIVULGAÇÃO

A Doutrina precisa de obreiros e de colaboradores devotados e nunca como agora houve tanta necessidade da iniciativa própria em favor do progresso geral.

ROD_2.ed.indd   37   26/04/2018   01:05

16 | SIMPLIFICAR

A movimentação dos estudos espíritas levará a efeito a dilatação da síntese e simplificação de todos os princípios da filosofia cristã.

INTROD_2.ed.indd   38   26/04/2018

17 | HÍFEN DE LUZ

llan Kardec é o hífen de luz unindo os repositórios sagrados de todas as gerações. O seu esforço ainda é o trabalho permanente da evolução de toda a cultura humana no Evangelho do Cristo.

TROD_2.ed.indd 39

26/04/2018 01:05

18 | FUNÇÃO DO ESPIRITISMO

O grande trabalho do Espiritismo atualmente é o de preparar a mentalidade humana para a revolução sociológica que teremos que conhecer...

INTROD_2.ed.indd   40   26/04/2018

19 | CRENÇA

Queremos crer que o assunto das aquisições de crença e de fé ainda é da competência da dor e do raciocínio, transformando cada indivíduo na lição suave do Mestre para benefício de todos.

20 | ORAÇÃO E VIGILÂNCIA

Enquanto o mundo se perde em lutas dispersivas e inglórias, procuremos edificar os nossos corações na oração e na vigilância em Jesus.

21 | NO MUNDO

Está certo que irmãos nossos aí no mundo deem "cabeçadas", mas não é lícito que os que pensam fiquem de cabeça quebrada.

22 | PROPAGANDA ESPÍRITA

E nos tempos que correm "o que se faz necessário é a sua prática," porquanto, em face dessa necessidade, não encontrareis melhores elementos de educação e de propaganda.

23 | ÁGUA FLUIDA

Todas as noites, coloque um copo de água pura no seu apartamento de repouso, usando-o no dia seguinte. Irei fluidificar o líquido, especialmente para seu organismo psíquico e anímico.

24 | NA MORTE

gradeçamos a Deus por essa possibilidade de levarmos um pouco de conforto a esses irmãos que, deserdados do patrimônio de conhecimentos espirituais sobre a Terra, atravessam as águas da morte geralmente desprovidos de remos para os balanços mais fortes do barco, na misteriosa travessia.

EMMANUEL

INTROD_2.ed.indd   46

26/04/2018   0

25 | ORIGEM DO BEM

stamos muito reconhecidos ao poder misericordioso de Deus, porque tudo que fizermos de bom vem de Sua bondade paterna.

26 | A REVELAÇÃO ESPIRITUAL

abemos que a revelação espiritual é como uma fonte. Na nascente, a água tem um sabor específico e mais longe o líquido tem de se modificar com os elementos de seu curso, sendo razoável não nos preocuparmos, pois que toda água em movimento tanto caminha que chega ao mar purificada. E o mar, em nosso caso, é o mesmo Pai que nos deu a nascente.

EMMANUEL

27 | A GRANDE LIÇÃO

ue tudo se harmonize na pauta da grande lição do "Faça-se-nos escravos na vontade do Senhor"! Podeis estar certos, porém, de nossa assistência para que todas as circunstâncias se ajustem com benefícios gerais.

28 | BEM-AVENTURANÇA

O trabalho é para a glória o que o arado é para o pão.

EMMANUEL

26/04/2018

29 | COMEMORAÇÕES

uando nos reunimos para as rememorações de feitos gloriosos do bem, os amigos de nossa redenção surgem inesperadamente para afirmar que estão conosco.

30 | PREVENÇÃO DA SAÚDE

dia não surge de uma só vez, mas vem aos poucos, desfazendo as sombras matinais. A moléstia é essa sombra que se faz muito de leve para que o dia de saúde resplandeça. Já os amigos asseveravam que as enfermidades chegavam a galope, mas que se retiravam com imensa ociosidade. São fases, porém, do caminho. E todos os fenômenos se modificam.

EMMANUEL

31 | CALMA

É preciso não esquecer isso, pois as discussões em situações difíceis chegam e passam.

32 | DEUS DE VIVOS

Dois milênios são como dois meses e mais que nunca entendemos a afirmativa de Jesus de que Deus é Deus de vivos e não de mortos. Essa, meus filhos, é a razão de nosso dever, procurando o Espiritismo para viver e com os vivos, porque não há espíritos mortos.

33 | ELES DORMEM

Se alguém faz o estigma da morte pelo estacionamento entre futilidades ocas ou criminosas da Terra, deixemo-los exclamando, como Jesus, no caso de Lázaro: "O nosso amigo dorme!"

34 | O EVANGELHO

Belas legendas evangélicas, com ligeiras modificações (...) representam sugestões vivas de amor, conduzindo o coração a perspectivas mais altas:

"Jesus é o pão que desceu do céu".

"Vinde a mim todos vós que sofreis, e encontrareis o alívio e a esperança."

"O bom pastor atende às suas ovelhas fiéis."

"O que o olho não viu e o ouvido não ouviu reservou o Senhor no céu aos que o servem com amor."

"O bom pastor dá a vida pelas ovelhas."

"Nenhuma das ovelhas se perderá."

"Faça-se em mim a vontade do Senhor."

"Jesus tem a água eterna e o pão vivo."

"Amai-vos uns aos outros como eu vos amei."

35 | NO SILÊNCIO

No capítulo do serviço de Deus, o sol ilumina um hemisfério inteiro sem a menor parcela de barulho perturbador.

INTROD_2.ed.indd   58   26/04/2018   0

36 | BENEFÍCIOS DO TRABALHO

odo trabalho útil será efetuado em favor de nós mesmos, porque as gerações de hoje são os povos de ontem e as famílias do porvir. O que construirmos de bom será adjudicado a nós mesmos.

37 | COLABORADORES

speremos pelo auxílio de Jesus que, naturalmente, concederá a vinda de outros irmãos esclarecidos na lira suave do bem.

INTROD_2.ed.indd 60 26/04/2018 0

38 | BOA NOITE

Ide ao repouso, tranquilamente.
A noite com Cristo é abençoada amiga.

39 | O BOM SONO

Deus vos conceda muita paz espiritual, enchendo-vos o coração com a luz do bom repouso após o dever cumprido.

INTROD_2.ed.indd   62
26/04/2018

40 | ENFERMIDADE ÚTIL

As moléstias, que são filhas do serviço, são palmas de espiritualidade. Não vos desejamos palmas semelhantes à maneira de espinhos do jardim, mas não podemos deixar de lhes reconhecer o profundo valor no campo das experiências que purificam, enriquecem e nobilitam.

41 | NAS ESFERAS DE LUZ

travesseiro dos que sabem suar é um tesouro oculto. Fazem lembrar o "tapete mágico" com elementos desconhecidos para conduzir o coração a mil esferas diferentes de tranquilidade e luz.

EMMANUEL

42 | BOM TRABALHADOR

tendido o trabalho, recebidas as bênçãos a que todo serviço nobre faz jus, descansai na tranquilidade dos trabalhadores fiéis. Felizes de vós que esquivais ao carregamento de pedras inúteis do mundo!

ROD_2.ed.indd 65 26/04/2018 01:05

43 | NOVAS ENERGIAS

O contato com a natureza lhe faz muito bem e creio que fará ótimas aquisições de energia nova para os seus trabalhos intensos da vida.

INTROD_2.ed.indd   66 26/04/2018   0

44 | HOMENAGEM A KARDEC

Vimos, inda agora, de grandes comemorações espirituais consagradas a Allan Kardec e trouxemos para vossos corações os reflexos dessas luzes que, por nossa vez, também recebemos pelo excesso de misericórdia do Pai.

Emmanuel refere-se ao dia 31 de março, data que marca o retorno de Allan Kardec à pátria espiritual. A mensagem tem como data de recepção psico-gráfica o dia 31 de março de 1943.

45 | ORAÇÃO E TRABALHO

Quem ora trabalhando, como vos acontece, trabalha enriquecendo a si mesmo com tesouros eternos. Vossa prece está cheia de serviço espiritual e esta circunstância nos reconforta o coração.

46 | VITÓRIA

ue as forças do bem vos concedam energia constante para a vitória espiritual.

47 | SAÚDE

Vigiar a harmonia orgânica é um esforço dos mais nobres.

INTROD_2.ed.indd   70   26/04/2018   0

48 | PENSAMENTOS

Que as forças divinas vos amparem os pensamentos, fazendo com que floresçam em primaveras de santificada tranquilidade espiritual.

49 | COM JESUS

ue as forças divinas vos abençoem para o bom combate com as sombras. Acendamos a luz onde existem trevas. Busquemos Jesus onde se busque, comumente, a ilusão.

INTROD_2.ed.indd   72

50 | REPOUSO

Cumprindo o vosso dever de trabalhadores, ide repousar em paz.

51 | ANTIDISTÔNICO

Só os que trabalham bem conseguem repousar devidamente.

52 | SALÁRIO

Digno é o trabalhador do salário que lhe compete e a serenidade é também remuneração, apenas com a diferença razoável de que só o Pai pode outorgá-la, como é de justiça.

53 | O TESTEMUNHO

testemunho é sempre solitário. Jesus orava no monte sem a presença de companheiros. Recorreu, muita vez, ao deserto, orou no horto aparentemente sem ninguém e embora houvesse três cruzes no Calvário uma só era dele, porque as outras pertenciam aos ladrões. Não existe outro recurso para o acesso à verdadeira luz.

INTROD_2.ed.indd 76 26/04/2018 0

54 | SOLIDÃO APARENTE

aulo sentiu a gloriosa visão que o cegou às portas de Damasco cercado de três irmãos que nada viam e esteve absolutamente só nas catacumbas para o sacrifício supremo.

55 | MISSÃO E TESTEMUNHO

trabalho é da humanidade. A missão pode incluir muita gente em suas atividades, a obra pode, às vezes, representar o esforço de muitos, mas o testemunho é, invariavelmente, de um só.

EMMANUEL

26/04/2018   0

56 | COLÔNIA "NOSSO LAR"

olônia de transição, entre "milhares" de colônias dessa natureza, e diversas entre si, quanto aos pormenores de organização, que rodeiam a Terra.

57 | DISCIPLINA

Cada coisa em lugar próprio e tudo a seu tempo constituem programa de quem se organiza para o bem.

EMMANUEL

26/04/2018

58 | NO TRABALHO ÚTIL

Continuemos o trabalho útil, convencidos de que a assistência do Mestre divino não nos faltará.

59 | CONFIEMOS

A providência é sempre a providência. Confiemos na bondade do Senhor, que tudo opera em favor do bem.

EMMANUEL

60 | AMIGOS

Afinal de contas, não posso andar proibido de visitar aos que estimo de coração.

ROD_2.ed.indd 83 26/04/2018 01:05

61 | A PRESSA

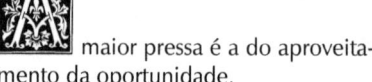 maior pressa é a do aproveitamento da oportunidade.

62 | AUXÍLIO

Que as forças do bem vos ajudem a colher os frutos dos esforços no bem e na verdade.

63 | O PÃO DA VIDA

Deixai um pouco as vossas realidades-sonhos e vinde buscar os sonhos-realidades. Nesse balanço de atividades, encontrareis o pão da vida.

64 | TRANQUILIDADE

Recolhei-vos à paz da obrigação bem cumprida. Atendestes ao dever da lavoura espiritual. Plantastes e colhestes nos diversos setores em que se desdobraram vossas meditações e orações. Repousai, pois, na paz do Senhor Jesus.

ROD_2.ed.indd 87 26/04/2018 01:05

65 | VALOR DA PRECE

eja a vossa prece uma luz para as estradas noturnas do sonho.

66 | EM PAZ

Tranquilidade do dever que constrói e do amor que santifica.

67 | NO CAMINHO

ue a energia divina esteja em vossas possibilidades humanas, fortalecendo-vos para o caminho...

68 | NATAL

Que o Natal de Jesus nos encha de alegria e coragem como sempre, intensificando a luz de nosso entendimento e dilatando-nos a visão divina.

69 | NO MUNDO

Meus caros amigos, que as forças do bem vos auxiliem nas lutas purificadoras da existência terrestre.

INTROD_2.ed.indd 92 26/04/2018

70 | ASPIRAÇÕES

Suplicamos ao Eterno transforme as nossas aspirações em bênçãos que vos reconfortem e iluminem cada vez mais. Possam todos os anos terrestres ser para nós, encarnados e desencarnados, períodos de realização ativa com o Senhor.

71 | VISÃO

Estamos à procura da luz divina, da qual sentimos alguns raios, como o viajor que vê, surpreendido, a estrela da manhã depois de longa noite.

72 | TEMPO ÚTIL

Cada semana é um período de sete realizações divinas. É assim que podemos prosseguir construindo em nós, acendendo novas luzes para o nosso coração e espalhando o bem máximo com os outros. À medida que soubermos valorizar a bênção do tempo, cada vez mais se dilatarão as nossas possibilidades.

73 | PAZ?

Na Terra, a paz costuma ser imobilidade ao corpo e tormento ao espírito, mas para o espírito que está na Terra, e que conhece a glória do Pai, o verdadeiro repouso é o do coração tranquilo, ainda mesmo que o corpo se estraçalhe nas lutas.

INTROD_2.ed.indd   96   26/04/2018   0

74 | ANTE A CRÍTICA

Não tenhamos cuidado com a crítica dos que não estão no mesmo plano de apreciação e análise de que vamos observando. Aliás, a crítica é sempre boa. É apenas de se lamentar que haja tanto espírito anárquico no seio de nossas atividades espirituais, mas também queixarmo-nos, por isso, seria imitar o lavrador que se atormenta por ver muitos espinhos e zonas áridas no campo que o Senhor lhe concedeu, esquecido de que o fogo consome os espinhos e de que o adubo regenera o terreno estéril de mistura com a água reconfortante.

75 | ANTE A INCOMPREENSÃO

Prossigamos, pois, sem desfalecimentos e abençoemos os que não possam concordar, por enquanto, com a responsabilidade moral e com o espírito de serviço.

INTROD_2.ed.indd   98   26/04/2018

76 | SEM MEDO

Não temamos na caminhada terrestre, seja envolvidos em fluidos carnais ou em diferentes roupagens inacessíveis ao olhar comum. Prossigamos atendendo ao Senhor Jesus.

77 | O PASSE

passe é medicação viva, eficiente e imediata, não só à disposição do homem encarnado, mas de todos nós, cujo quadro de experiência não se fixa propriamente na superfície do planeta, condicionada às leis fisiológicas conhecidas.

EMMANUEL

INTROD_2.ed.indd   100

26/04/2018   0

78 | DAI E VOS SERÁ DADO

Prossegui animados em vossas lutas da Terra. Dai sempre tudo o que possuirdes de bom. O Senhor multiplicará as bênçãos. Forneçamos o mínimo. Ele conferir-nos-á o máximo.

79 | OTIMISMO

Trabalhemos, pois, sempre cheios de otimismo e confiança no Divino Poder.

MIOLO_2.ed.indd   102   26/04/2018

80 | A DEUS E A MAMON

Quanto ao "mundo velho", formado nas paisagens nobres, mas inferiores da vida, este, meus amigos, preferirá sempre o "touro que rime com o ouro". Antes de Cristo desejará o cristal e longe de amar as cruzes preferirá os cruzeiros. O tempo, todavia, é o amigo bom. Cada um se enriquecerá ao seu toque.

O_2.ed.indd   103   26/04/2018   01:06

81 | ESCÂNDALO

escândalo é muito pesado para que seja desfeito tão-só pelas mãos nossas, ainda frágeis. Esperemos em Cristo, olhando o bastante, porque quando menos esperarmos esse calhau enorme terá sido retirado com a misericórdia dele.

MIOLO_2.ed.indd   104   26/04/2018

82 | DOUTRINA ESPÍRITA

Espiritismo, meu bom irmão, como já lhe disse alhures, será o que os homens dele fizerem.

83 | LUZ EDIFICANTE

cientista do mundo obriga as suas pequeninas cobaias a receberem-lhe os jatos de luz transformadora. Jesus, porém, dá-nos a liberdade de recebermos-lhe ou não a luz edificante e redentora.

84 | A LUZ DO SENHOR

A persistência no jato de luz terrestre modifica a variedade da drosófila em caráter definitivo. A permanência de nosso espírito na luz de nosso Senhor Jesus Cristo nos modifica para sempre, dando-nos ascensão e portas abertas em plano superior.

OLO_2.ed.indd   107   26/04/2018   01:06

85 | CIÊNCIA

Tudo o que vai pela ciência dos homens tem símiles ainda mais belos nas atividades do espírito.

EMMANUEL

! MIOLO_2.ed.indd   108

26/04/2018   C

86 | A FORÇA DO SILÊNCIO

Há no silêncio grandes forças de vitória real e preferimos essas forças, porque tudo que é voz do mundo também silenciará um dia para a visão do Verbo Maior.

87 | OS LIVROS DE ANDRÉ LUIZ

André Luiz é o autor efetivo dos serviços, mas há que obedecer a outros espíritos que nos dirigem e que desejam com justiça saber o que estamos nós, os espíritos desencarnados, fazendo com os ensinamentos que nos dão.

MIOLO_2.ed.indd   110 26/04/2018

88 | ALIMENTO ADEQUADO

Para crianças, o leite da razão, para adultos, os pratos sólidos mais comuns, entretanto, somos trabalhadores entre maiores espirituais e crianças do entendimento. É indispensável atender a todos, sem ferir a nenhum.

89 | MERECIMENTO

D igno é o trabalhador do seu sa-
lário", diz-nos a lição evangélica amorosa e sábia. Guardai o vosso salário de
paz, com alegria.

90 | LUZ, PAZ E VIDA

Deus vos conceda luz, paz e vida como sempre – luz para iluminar os que permanecem convosco, paz para aliviar-lhes todas as lutas e vida para a vossa edificação cada vez mais alta para a vida eterna.

91 | DIETA

Urge simplificar para não complicar e reduzir o alimento com proveito para que não haja distúrbios na assimilação.

EMMANUEL

92 | MALEFÍCIOS DA GUERRA

As emanações pestíferas, oriundas dos quadros de guerra, vão sendo acentuadas de maneira espantosa. Não fosse a misericórdia do Cristo, imprevisíveis seriam as consequências, mas devemos confiar nele, nosso Mestre, Condutor e Senhor.

_O_2.ed.indd 115   26/04/2018 01:0(

93 | RUMO AO CÉU

Enquanto os católicos romanos estão aguardando o Céu, os espiritistas esperam os mundos felizes. Admite-se a aquisição da felicidade eterna em troca de meras atitudes exteriores na esfera doutrinal? Impossível a preponderância de tais lições.

MIOLO_2.ed.indd 116 26/04/2018

94 | NÓS MESMOS

Nem Céu, nem mundos felizes imediatos, mas "nós mesmos", com as nossas virtudes e defeitos, edificações e deficiências, bracejando nas águas da luta universal por nos fazermos dignos do Pai que nos deu a vida.

95 | O MISSIONÁRIO

O missionário envolve o coope-
rador que trabalha administrando ou
obedecendo. "O serviço impessoal é
sempre mais belo e proveitoso."

96 | DIVERGÊNCIA

Não desejamos que esse ou aquele colaborador da tarefa entre em luta por causa de uma ou outra vírgula. "A paz é a base do trabalho cristão."

97 | O COMPROMISSO DE EMMANUEL

No que me toca ainda não produzi coisa alguma, sendo que tenho tão-somente recebido para transmitir e sinto-me feliz por ter cumprido o meu compromisso de entregar à circulação geral as ideias renovadoras que nos foram confiadas.

98 | ANTE A LIÇÃO

Seja cada lição do caminho a manifestação do Senhor para o nosso espírito de aprendizes. E que toda lição nos traga luz e paz, incorporando mais realidade divina à nossa construção humana.

99| COM O ARADO

Que a bênção de Jesus permaneça conosco, a fim de que o arado não nos seja pesado no amanho da "terra espiritual de nós mesmos", são os nossos votos à Divina Providência.

MIOLO_2.ed.indd 122 26/04/2018

100| O CONSELHO DO APÓSTOLO

ue as forças divinas vos guardem o espírito entre as perturbações redentoras da Terra. Que o Senhor nos auxilie a recordar a palavra do apóstolo, quando nos adverte de que "tudo ocorre para o bem dos que amam o Pai".

Emmanuel refere-se a Paulo e sua carta aos romanos (Romanos, 8: 28).

101 | OS ENTUSIASTAS

A alegria excessiva complica. Estimamos naturalmente o entusiasmo e a alegria, mas no tempo próprio.

102 | COM EQUILÍBRIO

A videira fornece no Evangelho símbolo de vida eterna a Jesus nos ensinamentos de João Evangelista, contudo, é razoável considerar que a mesma vinha que fornece vinho vitalizador pode proporcionar vinho embriagador.

DLO_2.ed.indd 125 26/04/2018 01:06

103 | ESTAR COM JESUS

Que o Mestre nos conceda sempre a faculdade de sentir com os seus sentimentos, apreciar com o seu juízo e operar com as suas mãos.

104 | A PROTEÇÃO

Valemo-nos do ensejo para desejar-vos uma viagem feliz, rica de alegrias da alma.

105 | SERENIDADE E ENERGIA

ue as forças divinas nos concedam muita serenidade para a contemplação do plano exterior e energia para lutarmos conosco, dentro de nós mesmos.

EMMANUEL

106 | ESFORÇO

Que possamos apreender a bondade da Providência e a glória da vida.

107 | APRENDER, ANALISAR E SERVIR

Aprendamos conforme o Mestre dos mestres, analisemos de conformidade com o justo Juiz e sirvamos com a humildade e a alegria do Senhor, que é também o sublime Servidor.

MIOLO_2.ed.indd   130   26/04/2018

108 | ANFITRIÕES

Felicitações pelo esforço de espiritualidade superior a que vos devotastes nos últimos dias como embaixadores da amizade.

109 | À MULHER

uarde-te o coração a Palavra Divina, a cujo sublime comando sempre obedeceste na missão árdua a que foste chamada no campo doméstico. A luta é enorme e requisita o socorro da fé viva para que as situações purificadoras não entibiem o espírito.

110 | NOS GOLPES DA LUTA

Não esmoreças sob os golpes da luta. A tempestade não se eterniza. Transforma simplesmente. E não te faltarão braços amigos e robustos de nossa esfera de ação amparando-te na travessia desta experiência humana. Rogamos-te, apenas, coragem e fé viva. O divino Amigo, que é Jesus, fará o resto.

111 | AJUDA DOS ESPÍRITOS

À noite de cada dia, coloca meio litro de água pura no quarto de dormir, água que poderás beber, à vontade, no curso do dia imediato e que estará fluidificada pelas nossas possibilidades espirituais, atendendo-te às necessidades psíquicas.

! MIOLO_2.ed.indd   134   26/04/2018

112 | REMÉDIO SALUTAR

A meditação com a oração constitui remédio salutar, suscetível de fornecer-te a mais ampla resistência ao espírito.

113 | AS HORAS

Esteja o vosso tempo cheio de bênçãos e luzes, tanto quanto desejamos esteja repleto o nosso tempo aqui.

MIOLO_2.ed.indd   136

26/04/2018   0

114 | ROGATIVA

Fortaleça-nos o Senhor, já que somos ainda fracos na edificação do seu divino reino. Ilumine-nos a sua graça, já que ainda não nos foi possível expulsar todos os resquícios de sombras do passado, que nos povoam o coração.

115 | NO ALÉM

Nesta esfera de trabalho que vos é imediata, e onde nos movimentamos sem o corpo físico, nem sempre é fácil conhecer a direção justa a ser adotada.

116 | NO TRABALHO ESPIRITUAL

Que Jesus nos autorize a satisfação de sempre repetir estes momentos de calma, dentre os quais temos tido oportunidade de valorizar-lhe as bênçãos.

_O_2.ed.indd 139 26/04/2018 01:06

117 | LIVRO DE ANDRÉ

Agradeço-vos a cooperação prestada ao novo trabalho de André Luiz, que reputamos de grande interesse para a defesa contra o desequilíbrio, isto é, contra o mal.

Em referindo-se ao livro *No mundo maior*, Federação Espírita Brasileira (FEB), 1947.

118 | NA LUTA DIÁRIA

ue as forças divinas nos concedam a paz e o equilíbrio necessários à luta construtiva de cada dia.

119 | PARA ELEVAR-SE

Pedindo ao Senhor nos conceda em tudo a sua divina bênção, sem a qual é impossível qualquer movimento nos caminhos da elevação...

MIOLO_2.ed.indd   142   26/04/2018   0

120 | IDE E PREGAI

Desejando-vos a luz do Senhor em todos os caminhos terrestres, para que a sombra do mundo não vos interrompa, em tempo algum, a marcha para a união divina...

121 | FUNÇÃO DEFINIDA

Alguns companheiros funcionam como membros e apêndice da cabeça e dos braços do organismo. Cada colaborador tem aí sua função definida, como os órgãos possuem lugar adequado no veículo físico. O Senhor governa de cima. Estejamos, desse modo, felizes no desempenho de seus divinos desígnios.

122 | DEVER

ualquer que seja a designação do Senhor, cumpramo-la com alegria. Lembremo-nos de que cada dia é uma viagem no desconhecido. E foi por isso que Paulo de Tarso declarou que "o justo viverá da fé".

123 | PAUSA

À s vezes, o viajor necessita descansar à sombra das árvores para meditar no caminho que os pés devoram e no futuro que o aguarda, a fim de ser reconhecido ao Altíssimo.

124 | COM DEUS

Esperemos no Senhor e peçamos a Ele o poder de concentrarmos em Sua divina lei as nossas vidas. Sejam para a Sua vontade justa e amorosa os nossos melhores pensamentos.

125 | BOM ÂNIMO

Desejando-vos a luz do bom ânimo para as sombras de cada dia e de cada noite no serviço de libertação em que nos situamos rumo à Espiritualidade Superior...

EMMANUEL

26/04/2018

126 | JÚBILO PELO NOVO LIVRO DE ANDRÉ

Agradecendo-vos a remessa do novo trabalho de André Luiz ao Rio, peço ao Senhor da Vida nos acrescente as possibilidades no serviço à sua divina vontade.

Em referindo-se ao livro *No mundo maior*, da lavra de Chico Xavier | André Luiz (FEB, 1947).

127 | NO SERVIÇO EDIFICANTE

Cabe-nos fazer tudo para evitar o "fermento dos fariseus" em torno do serviço edificante.

128 | A SAÚDE DO CHICO

É sempre melhor prevenir no lar que remediar no sanatório. Na prevenção todos os amigos ajudam e na medicação muita gente determina. Será, assim, importante afastar-se um pouco das atividades públicas declaradas, com a inalação de todos os resíduos da multidão muito compacta, porque, por mais nos dediquemos à tarefa assistencial o "vampirismo" é sempre grande.

Um alerta de Emmanuel a Chico Xavier em 14/04/1948, quanto à disciplina em relação ao excesso de trabalho.

_O_2.ed.indd 151 26/04/2018 01:06

129 | NA BATALHA

Havendo necessidade, vamos lutar de qualquer modo e todo soldado em batalha é sempre mais digno de consideração e louvor.

! MIOLO_2.ed.indd   152   26/04/2018

130 | EMPENHO

odavia, o movimento de peregrinação sem construção espiritual não se nos afigura trabalho que mereça o empenho de todas as nossas forças e possibilidades.

131 | OCIOSIDADE

necessidade justa será atendida, porém combatamos um tanto a ociosidade espiritual e a viciação dos "pratos feitos".

MIOLO_2.ed.indd 154 26/04/2018 0

132 | O CORPO

Nosso corpo é a mais preciosa das máquinas, enquanto nos demoramos na Terra. O lubrificante do repouso, por vezes, é inadiável e imprescindível. A recomendação médica, no entanto, não deve ser convertida num fantasma. O ar do campo, uma jornadazinha de vez em quando e um bom prato bem preparado lhe farão grande bem.

OLO_2.ed.indd   155   26/04/2018   01:06

133 | FÉ RENOVADORA

Peço ao Senhor possam nossas almas conservar a fé constante e renovadora no coração contra a indiferença e o desânimo da maioria das criaturas, tanto quanto guardais o calor benéfico da lareira contra o frio que reina lá fora.

MIOLO_2.ed.indd   156   26/04/2018   0

134 | USINA DO CRISTO

Liguemos o coração à usina do Cristo e não nos faltarão recursos de otimismo e iluminação.

135 | ANDRÉ LUIZ

Estamos planificando o novo trabalho de André Luiz, com esperança de materializá-lo em breves dias. Vejamos o que nos reserva a permissão de "Cima".

Em referindo-se ao livro *Libertação*, da lavra de Chico Xavier | André Luiz (FEB, 1949).

EMMANUEL

26/04/2018

136 | O LIVRO "LIBERTAÇÃO"

Este será um serviço em que todos nos centralizaremos, os desencarnados, não por que seja belo, ou diferente dos outros, mas por envolver assunto muito próximo da esfera dos homens, com exposição de certas fases de nossa luta com os irmãos inferiores, isto é, inscientes e menos aparelhados ao bem com o Cristo.

137 | A VONTADE SUPERIOR

Um trabalho pode começar, mas a vontade do Alto funciona sempre acima da nossa.

138 | NA CONQUISTA DA PAZ

Desejamos luz no caminho, serenidade nos pensamentos, disposição de servir com o Cristo e paz na luta de cada dia.

139 | O VALOR DA PRECE

Partilhando-vos a oração de louvor à prece, escada bendita que nos liga uns aos outros perante o Eterno...

EMMANUEL

140 | NOSSA TAREFA

Nossa tarefa é de amor, não de contenda, e o espírito de contenda, se provocado por nós, poderá perturbar-nos. Convém dar mais tempo ao tempo. Felizmente, não faltam recursos no celeiro e com o auxílio do Mestre as bênçãos que temos recolhido são preciosas e abundantes.

141 | QUEM?

A tarefa evangelizadora continua. A permuta de nomes não importa. Cremos no reino divino e pugnamos pela ordem cristã. Desde que reconheçamos a governança e a tutela do Cristo, o nome de quem ensina ou de quem faz não altera o programa. Vale, acima de tudo, a execução.

142 | A FOME DO POVO

Em torno de nós há um povo que tem fome do Salvador.

143 | NOVOS TEMPOS

Sentir-nos-emos felizes de encontrar, com ele e junto dele, a paz do Príncipe dos Séculos, que nos acena à frente, convocando-nos à era de fraternidade e de paz, talvez em breve porvir.

144 | A SANTA NATUREZA

A chuva, efetivamente, tem sido um fator menos agradável nestes dias pela umidade que reveste a paisagem. Todavia, louvemos o Senhor pela água e pelo sol, pela hora clara e pela hora menos clara, porque os seus desígnios, embora inescrutáveis, são sempre os mais santos e os mais felizes a nosso respeito.

145 | CALMA E DESCANSO

programa é de calma e descanso possíveis, já que também passei muitas vezes por este campo que hoje atravessais e reconheço que esses dois remédios nunca são aplicados de acordo com quem os receita e sim de acordo com as nossas possibilidades.

EMMANUEL

26/04/2018   0

146 | NAS REUNIÕES

As pequenas contrariedades havidas são as mesmas que se verificam às visitas em massa num templo consagrado ao Senhor. Há sempre detritos dos viajores que entram sem a preparação necessária. O essencial, porém, é arquivarmos a luz do "ofício divino" e continuar com o altar iluminado, de vez que todo viajor é um necessitado em busca de pouso certo. A reunião alegrou-nos muitíssimo e aqui registramos nossos agradecimentos e parabéns.

147 | OPORTUNIDADE ABENÇOADA

Agradecemos ao Senhor a oportunidade de acender mais uma lâmpada no caminho com a luz da prece sincera dentro da luta terrestre.

148 | DISPUTA

Não nos convém disputar com os inimigos, quanto mais com amigos, que só nos compete respeitar e prezar.

149 | A SENHA

Servir e aprender é, por agora, a nossa senha para ingresso à sementeira da hora presente.

! MIOLO_2.ed.indd   172   26/04/2018   0

150 | A GRATIDÃO DOS BENFEITORES ESPIRITUAIS

Nunca nos cansaremos de vos agradecer o empenho colocado no serviço da espiritualidade cristã.

151 | ACAUTELAI-VOS

Os propósitos de escândalo são enormes e temos o dever de usar a medicina acauteladora toda vez que o prévio conhecimento da enfermidade nos visita na intimidade do coração.

! MIOLO_2.ed.indd   174   26/04/2018   0

152 | NA TAREFA

 Não nos compete o direito de estorvar a ninguém, nem criar situações embaraçosas para qualquer companheiro.

153 | NO SERVIÇO À VERDADE

Rogamos a Jesus nos conceda luz para o caminho, fiel disposição no serviço à verdade e alegria, espontaneidade e bom ânimo no trabalho com que devemos atingir a vida abundante.

154 | ESPECIAL TRIBUTO

O código da amizade e da gentile-
za sempre merece especial tributo.

155 | TRINTA ANOS

Com trinta anos de trabalho, o operário é candidato a uma posição eminente na comunidade a que serve. Com trinta anos de reeducação, os maiores delinquentes se redimem nos cárceres e com trinta anos de idade o homem e a mulher devem ser mais respeitados no caminho que escolhem para a jornada que lhes é inerente.

156 | LIBERDADE

ada qual de nós tem a sua responsabilidade pessoal em tudo o que signifique nossa colaboração com a vida e espero que sejam tão livres nas decisões como desejamos ser no campo em que nos encontramos.

157 | O INÍCIO DA DIVULGAÇÃO GRATUITA DAS MENSAGENS POR DR. RÔMULO

stamos, sinceramente, empenhados em que o nosso amigo continue o seu trabalho dedicado à sementeira evangélica no "chão popular". Ele entende com clareza a fome de luz que atormenta os mais humildes e os mais fracos, e com o ímpeto do servidor fiel de Jesus sabe dedicar-se à campanha silenciosa de iluminação das consciências.

! MIOLO_2.ed.indd   180   26/04/2018   0

158 | SEMPRE ATENTOS

Com os nossos rogos ao Mestre divino, para que estejamos sempre atentos à lição de cada dia em nossa posição de discípulos felizes e agradecidos.

159 | PERSEVERANÇA

Que o Todo-Poderoso conceda aos queridos amigos a força para perseverarem com a Sua luz pelos séculos à frente até à vitória que todos desejamos com fervorosa esperança.

! MIOLO_2.ed.indd   182   26/04/2018

160 | LEVANTA-TE

á milhões de "Lázaros" nos sepulcros. Abençoados sejam todos aqueles que sentirem amor em proclamar, de coração para coração, e de alma para alma, o "levanta-te e anda".

161 | QUALIDADE

Quando um espírito adquire uma qualidade substancial e definida na obra do Senhor é revelação de mudança da vontade, de persistência da atitude, de esforço paciente e produtivo.

MIOLO_2.ed.indd 184   26/04/2018 0

162 | NO CURSO DA VIDA

A reencarnação é curso intensivo de educação e aprimoramento. O corpo é o uniforme do grande educandário. Mas sem o bombeiro que canaliza a água, sem o cozinheiro que prepara a refeição, sem o padeiro que assista ao forno, sem o servidor da higiene pública, sem a gota de leite e sem a espiga de milho a voz do Mestre soaria muito estranha no instituto da perfeição, por mais digno e suntuoso se apresentasse.

163 | IRRISÃO

Um sermão filosófico a estômagos famintos é irrisão. Eis por que damos imenso valor às posições singelas do campo carnal. Sem elas, é difícil, quando não impossível, qualquer ação redentora.

EMMANUEL

26/04/2018   0

164 | BOM LIVRO

m bom livro é sempre uma sementeira de renovação salutar na Terra e somos gratos à vossa colaboração generosa de sempre. A infatigabilidade é um dom da alma que se reúne ao divino Doador.

Em referindo-se ao término do livro *Libertação*, da lavra de Chico Xavier|André Luiz (FEB, 1949).

165 | PRECAUÇÃO

Que o tempo nos ajude a colocar todas as nossas necessidades em ordem de socorro para que possamos crescer espiritualmente...

MIOLO_2.ed.indd   188

26/04/2018

166 | ANO NOVO

Um ano novo é um tesouro descoberto. Que o Senhor nos ajude a aproveitá-lo dignamente.

167 | A MORTE

A morte não seria problema se fosse o fim. É problema grave porque significa vida, recomeço e atividade nova.

MIOLO_2.ed.indd   190　　　26/04/2018   0

168 | O PROGRAMA

Avancemos para diante, agindo e servindo. Este é o iluminado programa de sempre.

169 | DIVINAS VIRTUDES

Seja a fé a nossa lâmpada. Seja a esperança o óleo que nos sustente a claridade de cada dia. E seja a caridade a nossa manifestação incessante através da marcha, porque as três divinas virtudes são as filhas diletas do amor que Jesus nos legou.

! MIOLO_2.ed.indd   192　　　26/04/2018   0

170 | A VIDA

A vida é renovação incessante. Estamos sempre entre dois infinitos, se pudéssemos dividir o Universo, que é tudo no Todo, o passado e o vir a ser. Entre o pretérito e o futuro, nos agitamos reestruturando o destino sobre as bênçãos da ação e do movimento, com o trabalho e serviço triunfantes.

171 | SABER SEGUIR

É preciso saber seguir para que o nosso hoje seja o presente divino. Trazei para cá todos os tesouros que amontoastes além e não nos esqueçamos de que a frente é o lugar do bom trabalhador. Instalai aqui, no hoje, a vossa confiança e ventura de ontem para que o amanhã nos encontre valorosos e tranquilos.

172 | CONFIANÇA E OTIMISMO

razei convosco todas as vibrações de paz e confiança, otimismo e fortaleza e de nosso lado faremos as "ligações" necessárias. Tenhamos um coração alegre e tranquilo em Jesus, que tudo nos concede em soma crescente de benefícios santificantes.

173 | COM ALEGRIA

Haja em nós a alegria de produzir, distribuir e dar, porque essa alegria é parenta da felicidade Daquele que sempre nos deu e nos dá, sem que lhe possamos retribuir, por enquanto.

174 | CONFIANÇA

speremos do Alto o cimento de luz para todas as realizações edificantes que nos cabem atingir.

175 | GRAVE TAREFA

Que o Amigo Celestial nos conduza, pousando as mãos sábias e amorosas no leme que caberá aos nossos irmãos investidos na grave tarefa de governar.

176 | AVANCEMOS

A todos vós os nossos votos de muita paz na luta, alegria na dor, coragem nas dificuldades e luz nas sombras, a fim de que avancemos para diante, com justo entendimento dos valores que estamos recebendo.

_O_2.ed.indd   199   26/04/2018   01:06

177 | O CRISTO E NÓS

Se o Mestre vinha até nós, naturalmente confiava nas criaturas terrenas, a fim de habilitá-las para o grande futuro.

178 | A FELICIDADE HUMANA

índio será o homem civilizado de amanhã, através das reencarnações incessantes, nem podemos olvidar que se a Criação está começada ainda não terminou. O Cristo, ainda e sempre, é o arquiteto da nova Terra e, usando povos e civilizações, está construindo o reino do céu para suprema felicidade humana.

179 | INDIVÍDUO:
LAR E COLETIVIDADE

Sem aprimoramento do indivíduo não encontraremos lar adequado à materialização do bem e sem lar seguro e enobrecido não disporemos de coletividade em condições de oferecer o justo clima de conforto e ordem, prosperidade e alegria à evolução.

! MIOLO_2.ed.indd   202   26/04/2018   0

180 | PACIÊNCIA

Paciência é perseverança no bem, através de todas as vicissitudes e de todas as circunstâncias. Sem ela, o aprendizado da existência se resume a recapitulações infinitas, nos séculos incessantes.

OLO_2.ed.indd   203

26/04/2018   01:06

181 | PACIÊNCIA
NA DOR E NA ALEGRIA

Não olvides que é preciso paciência na dor e na alegria. Na provação, ela é a serenidade, assegurando-nos a certeza de que o amanhã será luminoso recomeço. Nas horas de calmaria, é a temperança sussurrando-nos a necessidade de equilíbrio para que se não nos fira a consciência.

182 | PACIÊNCIA É AMOR

maldiçoar a treva, ao invés de acender uma luz, é insânia da inteligência. Exigir frutos da erva tenra é loucura que não se compadece com o entendimento superior. Atirar petróleo à fogueira é ameaçar-se com as chamas do incêndio. Paciência é também amor, que trabalha e desculpa infatigavelmente.

183 | DIVINA MENSAGEM DO CÉU À TERRA

Aprendamos, pois, a suportar e a esperar, servindo sempre, oferecendo, ao mundo e à vida, aos amigos e aos adversários, o melhor de nós mesmos e a paciência irradiar-se-á de nosso coração como sendo divina mensagem do céu à Terra, construindo em torno de nós, por nós e conosco, os sagrados alicerces sobre os quais erigirá Jesus, para o mundo, a glorificação do reino de Deus.

EMMANUEL

184 | BÊNÇÃOS

Dores, aflições, sacrifícios e dificuldades são categorizados, então, por bênçãos que lhe compete aproveitar em favor de si mesmo.

185 | VENCEDOR

Não menosprezemos os trope-
ços da marcha e sim aprendamos a
usá-los em nosso próprio benefício,
porque, superando problemas e de-
sencantos, venceremos nossas velhas
fraquezas.

EMMANUEL

26/04/2018   0

186 | SERMÃO

e não revelamos confiança em Deus e em nós mesmos, o próximo necessitado encontrará em nossa intimidade apenas o sermão precioso e vazio.

187 | RECUPERAÇÃO SOCIAL

Somos o problema nevrálgico de salvação terrestre. Sem nossa elevação pessoal, o lar que nos abriga é incapaz de soerguer-se. E sem a reabilitação de nosso templo doméstico, estará sempre incompleta a recuperação social que pretendemos efetuar com o Cristo.

! MIOLO_2.ed.indd   210

188 | APERFEIÇOAR-SE

Peçamos, pois, ao Cristo, a força preciosa para a superação de nossas próprias fraquezas, na convicção de que aperfeiçoando com sinceridade a nós mesmos, diante do mundo, Jesus, pela redenção da humanidade, fará brilhantemente o resto.

189 | FERRAMENTAS BENDITAS

O parente desatinado e o companheiro ensandecido constituem bagagem de teus próprios compromissos na tarefa redentora. Longe de serem fardos desagradáveis, são ferramentas benditas que te limam a alma e oportunidades preciosas para que as tuas virtudes se manifestem.

190 | EDUCAÇÃO RENOVADORA

Na atualidade, como noutro tempo, não basta a cultura da inteligência só por si, embora reconheçamos a importância inestimável da escola. Precisamos, sobretudo, daquela educação renovadora e santificante que somente o Cristianismo puro e sincero pode outorgar, de vez que a compreensão de cada homem resulta na felicidade de todos.

191 | A FORÇA DO BEM

Saibamos, assim, sorrir entre lágrimas, fatigar-nos no amparo aos que Deus nos confia, emudecer nossa agressividade, abraçar quem nos fere e apagar nossos próprios sonhos, a fim de que a segurança e a tranquilidade se façam junto de nós naqueles que nos comungam a experiência.

! MIOLO_2.ed.indd   214　　　26/04/2018   0

192 | DOUTRINA ESPÍRITA

Espiritismo vem justamente co-ordenar os elementos dispersos pela desorganização das ciências sociais, conduzindo as criaturas em suas atividades para o equilíbrio e para a ordem.

193 | REFORMA MORAL

A principal função do Espiritismo está adstrita à grande obra de educação e de consolação no plano da reforma de cada qual com o divino Modelo.

194 | DINHEIRO E TRABALHO

ão exijas do destino uma fortuna amoedada para que te convertas em trabalhador da grande renovação. O ouro sem caridade que o dirija é moldura da avareza e do sofrimento. A boa vontade ignora o livro de cheques. A sinceridade não é artigo de oferta e procura.

195 | TRABALHO E SERVIÇO

Não olvides que o trabalho é o único processo de aumentar a riqueza e nem te esqueças de que o serviço é o único recurso de capitalizar a simpatia e a cooperação.

MIOLO_2.ed.indd   218 26/04/2018

196 | MUNDO FELIZ

Quando uma centésima parte do Cristianismo de "nossos lábios" conseguir expressar-se em nossos atos de cada dia, a Terra será plenamente libertada de todo mal.

197 | O GRANDE DIA

Chegará o dia da compreensão grande e sublime, vitoriosa e ilimitada. Até lá, porém, neguemos a nós mesmos, tomemos a cruz e sigamos.

198 | RENÚNCIA

Não aguardes o salário do entendimento imediato. É necessário, porém, servir à causa do bem e da verdade com espírito de renúncia, sem cogitarmos dos resultados, que pertencem ao divino Salvador.

OLO_2.ed.indd 221 26/04/2018 01:06

199 | SOLIDARIEDADE UNIVERSAL

As expressões evolutivas do mundo atual reclamam das nações fortes laços fraternos e é para a solidariedade universal que a humanidade de hoje caminha, com todas as suas lutas e com todos os seus sacrifícios.

! MIOLO_2.ed.indd   222   26/04/2018 0

200 | A VERDADEIRA FORTUNA

Só a obra cristã nos pode interessar no amplo movimento de educação das almas e o Evangelho de Jesus não preconiza que todos os ricos do mundo se façam pobres e sim que todos os homens se façam ricos de conhecimento, porque somente nas aquisições de ordem moral descansa a verdadeira fortuna.

Referência bibliográfica

AMORIM, Wanda Joviano; NETO, Geraldo Lemos (Orgs.). XAVIER, Francisco Cândido. *Deus conosco*. Ditado pelo espírito de Emmanuel. 2. ed. Belo Horizonte: Vinha de Luz, 2008.

CERRAM 2. ed.indd   225
26/04/2018   01:07

Bibliografia indicada

XAVIER, Francisco Cândido. *Libertação*. Ditado pelo espírito de André Luiz. Rio de Janeiro: Federação Espírita Brasileira, 1949.

XAVIER, Francisco Cândido. *No mundo maior*. Ditado pelo espírito de André Luiz. Rio de Janeiro: Federação Espírita Brasileira, 1947.

Sementeira de luz

Voltando à Terra no século XIX, Neio Lúcio encarna a personalidade de Arthur Joviano, cujo núcleo familiar, em missão redentora de um passado longínquo, conta com as presenças de personagens descritos nos romances *50 anos depois* e *Renúncia*. Desprendido em 1934, Neio Lúcio inicia sua comunicação com a família, através da mediunidade de Chico Xavier, em reuniões semanais de culto evangélico na casa de Rômulo Joviano, em Pedro Leopoldo | MG. As mensagens, repletas de sabedoria e amor extremado por todos aqueles com os quais conviveu, são bem a confirmação dos compromissos reparadores que assumimos na Espiritualidade, alicerçados nos ensinamentos de Jesus para nos tornarmos legítimos semeadores da Boa Nova.

Pelo Espírito Neio Lúcio
Psicografia de Francisco Cândido Xavier
Organização de Wanda Amorim Joviano

LEIA TAMBÉM

DEUS CONOSCO

DEUS CONOSCO é o livro que dá sequência às revelações espirituais inéditas da psicografia de Francisco Cândido Xavier, trazidas a lume pela prestimosa organização de Wanda Amorim Joviano, com a colaboração de Geraldo Lemos Neto. As mensagens, recebidas em sua maioria no culto doméstico do Evangelho no lar da família Joviano, nas décadas de 30 a 50, na Fazenda Modelo, em Pedro Leopoldo | MG, são de autoria de Emmanuel, o espírito responsável pela materialização da extensa bibliografia que tanto esclarecimento e consolação verteram da Vida Maior para a face da Terra, através das abnegadas mãos de Chico Xavier. DEUS CONOSCO nos traz de volta ao convívio os memoráveis discípulos do Cristo, ligados desde priscas eras, cuja missão foi a da revivescência do Cristianismo puro e simples dos tempos apostólicos, no coração humilde e generoso das terras pacíficas do Brasil.

PELO ESPÍRITO EMMANUEL
PSICOGRAFIA DE FRANCISCO CÂNDIDO XAVIER
ORGANIZAÇÃO DE WANDA AMORIM JOVIANO E
GERALDO LEMOS NETO

MILITARES NO ALÉM

Dentre os tesouros guardados por Wanda Amorim Joviano, MILITARES NO ALÉM, da lavra de Chico Xavier nos anos de 36 a 52, no mínimo surpreende pela atualidade das mensagens em torno da paz que a humanidade do século XXI tanto anseia. Fruto da sua ingente dedicação no desdobre das tarefas mediúnicas no culto do lar realizado durante muitos anos pelo *Grupo Doméstico Arthur Joviano*, na Fazenda Modelo, em Pedro Leopoldo | MG, esse livro relata, na perspectiva espiritual de muitos servidores da pátria, a realidade consoladora do *outro lado*, onde o trabalho pelo bem não cessa e a esperança é sentimento que inspira a vitória do amor preconizado por Jesus.

ESPÍRITOS DIVERSOS
PSICOGRAFIA DE FRANCISCO CÂNDIDO XAVIER
ORGANIZAÇÃO DE WANDA AMORIM JOVIANO

LEIA TAMBÉM

PÉROLAS DE SABEDORIA

Compulsados dos livros *Sementeira de luz* e *Deus conosco*, ambos organizados por Wanda Amorim Joviano, as frases e os textos apresentados no livro PÉROLAS DE SABEDORIA foram coletados e reunidos por Braz José Marques com o propósito de engrandecer o aprendizado de todos nós nos estudos evangélicos do dia a dia. As pérolas da Espiritualidade — aqui incrustadas na condição de joias valiosas — são fundamentais para o esclarecimento daqueles que delas se valerem, expositores ou não da Doutrina Espírita.

PELOS ESPÍRITOS EMMANUEL E NEIO LÚCIO
PSICOGRAFIA DE FRANCISCO CÂNDIDO XAVIER
ORGANIZAÇÃO DE BRAZ JOSÉ MARQUES

LEIA TAMBÉM

SEMENTEIRA DE PAZ

Volume que dá sequência ao roteiro de revelações espirituais do espírito de Neio Lúcio, que em última romagem terrena envergou a personalidade de Arthur Joviano, pai de Dr. Rômulo Joviano, diretor da Fazenda Modelo em Pedro Leopoldo | MG, onde Chico Xavier trabalhou por largos anos. As mensagens nele contidas surgiram espontaneamente pela psicografia de Chico Xavier a partir de 1935, na residência da família Joviano, na própria Fazenda Modelo, durante o culto do Evangelho no lar do *Grupo Doméstico Arthur Joviano*, a que Chico prazerosamente se dirigia depois de findos os seus trabalhos diuturnos, dando a *Deus o que é de Deus* após dar a *César o que é de César*. Recebidas por Chico Xavier de 1946 a 1948, as mensagens de Neio Lúcio foram batizadas de SEMENTEIRA DE PAZ, sendo esse novo livro, organizado por Wanda Joviano, dedicado ao centenário de nascimento de Chico Xavier (1910-2010), o *medianeiro do amor*.

PELO ESPÍRITO NEIO LÚCIO
PSICOGRAFIA DE FRANCISCO CÂNDIDO XAVIER
ORGANIZAÇÃO DE WANDA AMORIM JOVIANO

LEIA TAMBÉM

COLHEITA DO BEM

A autoria desse livro pertence ao professor Arthur Joviano, o estimado benfeitor espiritual que todos nós conhecemos com o nome de Neio Lúcio, personagem do romance *50 anos depois*, de quem recebemos valiosos ensinamentos dirigidos ao espírito imortal que vai vencer a morte e transpor os séculos. Chico Xavier psicografou as mensagens do livro durante o culto do Evangelho no lar da família Joviano, na Fazenda Modelo em Pedro Leopoldo, onde trabalhava. No *Colheita do bem* estão as páginas recebidas nos anos de 1949 a 1952, sendo, portanto, as últimas psicografadas na Fazenda Modelo, uma vez que em 1952 a família Joviano transferiu definitivamente sua residência para a cidade do Rio de Janeiro. *Colheita do bem* finaliza a série iniciada com o livro *Sementeira de luz*, seguido pelo *Sementeira de paz* — formando uma verdadeira trilogia da luz, da paz e do bem maior, que a todos nos une no carreiro da evolução espiritual para Deus.

PELO ESPÍRITO NEIO LÚCIO
PSICOGRAFIA DE FRANCISCO CÂNDIDO XAVIER
ORGANIZAÇÃO DE WANDA AMORIM JOVIANO

LEIA TAMBÉM

LUZ NA ESCOLA
CHICO XAVIER NA
ESCOLA JESUS CRISTO DE CAMPOS | RJ

Esse é um livro de Francisco Cândido Xavier, com mensagens psicografadas por ele durante visita de quatro dias à Escola Jesus Cristo, em Campos | RJ, em 1940. Contém comentários de seu organizador, Clóvis Tavares, testemunha ocular de todos os fenômenos ali ocorridos. Os textos desse volume representam uma reedição da sua primeira, pequena, única e esgotada edição, feita também em 1940, publicação de caráter doméstico da Escola Jesus Cristo, agora reeditada pela Vinha de Luz, que desempenha hoje um papel ímpar no resgate histórico da produção mediúnica de Chico Xavier.

ESPÍRITOS DIVERSOS
PSICOGRAFIA DE FRANCISCO CÂNDIDO XAVIER
ORGANIZAÇÃO DE CLÓVIS TAVARES E
FLÁVIO MUSSA TAVARES

ICERRAM 2. ed.indd   233   26/04/2018   01:07

LEIA TAMBÉM

CHICO XAVIER —
O PRIMEIRO LIVRO

Vinte anos antes de sua desencarnação, Chico Xavier revelou que sempre guardou no íntimo o desejo de publicar as belas produções mediúnicas que os amigos espirituais escreviam por seu intermédio nos anos 20. Curiosamente, Chico confeccionava alguns exemplares com a finalidade de despertar os amigos para a possibilidade de um livro. De suas primeiras produções manuais, contendo, inclusive, a sua sensibilidade artística na ilustração das mensagens, Chico conseguiu guardar durante toda a vida um único exemplar, que ao final de sua existência terrena entregou ao sobrinho-neto Sérgio Luiz Ferreira Gonçalves, que no-lo apresentou para a devida divulgação. Esse é, de fato e de direito, o primeiro livro de Chico Xavier, que a Vinha de Luz trouxe a lume no ano de 2010, ano de seu centenário de nascimento.

ESPÍRITOS DIVERSOS
PSICOGRAFIA DE FRANCISCO CÂNDIDO XAVIER
ORGANIZAÇÃO DE GERALDO LEMOS NETO E
SÉRGIO LUIZ FERREIRA GONÇALVES

LEIA TAMBÉM

VIAJANTES —
A ESPIRITUALIDADE ILUMINANDO SUA MENTE E SEU CORAÇÃO ATRAVÉS DE CHICO XAVIER

Primeiro audiolivro da Vinha de Luz Editora, esse CD reúne 20 mensagens de espíritos diversos, psicografadas por Chico Xavier ao longo de seus 75 anos de labor mediúnico. Com um sugestivo título-tema e trilha sonora de rara beleza, VIAJANTES, organizado e interpretado por Fernando Peron, é um incentivo ao estudo sério e aprofundado de tão extraordinário patrimônio filosófico, científico e religioso legado a nós pelas mãos operosas e abençoadas de Chico Xavier.

ESPÍRITOS DIVERSOS
PSICOGRAFIA DE FRANCISCO CÂNDIDO XAVIER
ORGANIZAÇÃO E INTERPRETAÇÃO DE FERNANDO PERON

CHICO XAVIER — A AURORA DE UMA VIDA ENTRE O CÉU E A TERRA

As mensagens aqui apresentadas foram psicografadas por Chico Xavier e publicadas no jornal espírita "Aurora", dirigido por Inácio Bittencourt, entre julho de 1928 e abril de 1933. Nesses primeiros anos, Chico era ainda muito jovem, não sabia quem eram os espíritos que se comunicavam por meio dele, e era praticamente desconhecido fora das terras mineiras. A lucidez do jovem Chico Xavier ao comentar, ele mesmo, alguns trechos doutrinários sobre os postulados espíritas surpreende e seja em verso ou em prosa, sobre os mais variados temas, o leitor encontrará nesse livro preciosas lições de vida, ora nos ensinando a aceitar e a bendizer o sofrimento e as provas diárias, ora nos ensinando a viver uma vida verdadeiramente cristã e espírita, mostrando, por fim, quão breve é a existência terrena perante a eternidade do tempo.

ESPÍRITOS DIVERSOS
PSICOGRAFIA DE FRANCISCO CÂNDIDO XAVIER
ORGANIZAÇÃO DE JOÃO MARCOS WEGUELIN

236

LIÇÕES PARA ANGELITA

Quando Chico Xavier tinha apenas 20 anos, dois personagens importantes surgiram para marcar a sua vida: a menina Angelita e sua mãe extremosa. Esse livro contém 20 mensagens repletas de ensinamentos preciosos, repassados de mãe para filha, a partir do dia a dia que ambas vivenciam e também das perguntas que a menina faz sobre os mais diversos temas acerca da existência. São lições para todas as pessoas. A receita segura para a construção do homem de bem – meta que todos nós devemos buscar.

PELO ESPÍRITO JOÃO DE DEUS
PSICOGRAFIA DE FRANCISCO CÂNDIDO XAVIER
ORGANIZAÇÃO DE JOÃO MARCOS WEGUELIN

237

CHIQUITO

CHIQUITO, da autora portuguesa Julieta Marques, conta um pouco da vida de Chico Xavier em linguagem acessível e direta, num convite ao amor, à humildade e à disciplina exemplificados pelo *médium do século*. Totalmente ilustrado, CHIQUITO é o segundo título da Vinha de Luz Editora voltado à evangelização infantil, que atende, sem dúvida alguma, às *crianças de todas as idades*.

JULIETA MARQUES

O VOO DA GARÇA
— CHICO XAVIER EM
PEDRO LEOPOLDO | 1910-1959

Esse trabalho histórico, do pesquisador pedroleopoldense Jhon Harley, que conviveu por 21 anos com Chico Xavier, é mais uma contribuição para compreender a figura humana do médium mineiro. Utilizando instrumentos e orientações do campo da História, principalmente no que diz respeito ao uso e à interpretação das fontes orais, escritas e iconográficas disponíveis, o autor transitou entre o acadêmico e o poético, fazendo uma analogia entre uma revoada de garças, ocorrida em 2 de abril de 1910, e a permanência de uma delas entre nós.

JHON HARLEY

CHICO XAVIER —
O MÉDIUM DOS PÉS DESCALÇOS

Chico Xavier foi, durante toda a sua vida, a personificação do bem, do amor ao próximo e da humildade. Nesse livro, Carlos Baccelli relata casos pessoais em torno do médium mineiro e registra, por meio de cartas que agora torna públicas, sua amizade estreita com o maior representante do Espiritismo no Brasil e no mundo. O autor nos coloca em contato muito próximo com Chico Xavier. É como se estivéssemos frente à frente com ele, numa conversa intimista, repleta de ensinamentos. É quase uma conversa ao pé do ouvido — em que podemos sentir de novo, e mais uma vez, a sua insubstituível presença.

CARLOS ANTÔNIO BACCELLI

PEDRO LEOPOLDO
VISTA POR
CHICO XAVIER —
1910 | 1959
49 ANOS DA PRESENÇA DO
MAIOR MÉDIUM DE TODOS OS TEMPOS

O que o menino, o jovem e o adulto Chico Xavier vislumbrou em seus primeiros anos de experiências humanas e durante o desabrochar de suas faculdades mediúnicas a serviço do Cristo e da Doutrina dos Espíritos? O que teria o seu cândido olhar registrado pela retina da convivência e da saudade? Esse livro reúne extenso material inédito sobre o maior médium de todos os tempos, com fotografias e documentos recuperados, classificados e arquivados pelo memorialista pedroleopoldense Geraldo Leão, do Arquivo Geraldo Leão, e por Geraldo Lemos Neto, da Casa de Chico Xavier, que retratam principalmente o ambiente socioeconômico e cultural de Pedro Leopoldo dentro do período em que Chico Xavier lá residiu, desde o berço, em 1910, até a sua mudança definitiva para Uberaba, em 1959.

GERALDO LEÃO E GERALDO LEMOS NETO

241

ISABEL —
A MULHER QUE REINOU COM O CORAÇÃO

Dois dias após psicografar as primeiras das milhares de páginas, pelas quais o mundo espiritual se comunicou por seu intermédio, Chico Xavier manteve um revelador encontro com D. Isabel de Aragão, conhecida como Rainha Santa Isabel, para sempre associada ao fenômeno da transformação do pão em rosas. Ambos experimentaram o poder, a riqueza, a fama e a adoração, contudo, optaram por viver uma intensa vida interior feita de humildade, perdão, tolerância, paciência, compaixão e caridade como expressões do amor. Esse trabalho apresenta ainda Santa Isabel da Hungria e Isabel de Portugal, duquesa da Borgonha. Colocadas as narrativas das vidas das três personagens lado a lado emergem repetições e similitudes, nas quais encontramos a essência da reencarnação.

MARIA JOSÉ CUNHA

242

LEIA TAMBÉM

CÉLIA LUCIUS, SANTA MARINA
SEMELHANÇAS ENTRE AS BIOGRAFIAS CATÓLICAS E O ROMANCE *50 ANOS DEPOIS* DE FRANCISCO CÂNDIDO XAVIER E EMMANUEL

A obra revive a vida daquela que Chico Xavier | Emmanuel descreveram em *50 anos depois* como *"o lírio que nasceu do lodo das paixões do mundo para perfumar a noite da vida terrestre"* e que a igreja católica canonizou no século V. Por meio do minucioso e irrefutável estudo biográfico realizado por Flávio Mussa Tavares, filho de Clóvis Tavares, de Campos | RJ, o leitor se deparará com diversos relatos sobre Célia, confirmando a veracidade da narrativa do médium mineiro nos anos 40, tal qual previra Emmanuel no prefácio da obra referenciada. Para os espíritas, a consolidação da interexistência de Chico no desdobramento do labor mediúnico a benefício da difusão da Doutrina e sua prática evangelizadora, exemplificando o amor e a humildade legitimamente cristãos. Para os demais, uma reflexão sobre as lutas transitórias da vida física e a realidade além-túmulo — a verdadeira vida de todos nós. FLÁVIO MUSSA TAVARES

243

LEIA TAMBÉM

ERA UMA VEZ
PARA SEMPRE

Voltado à evangelização infanto-juvenil, esse livro é um compêndio de mensagens de graciosa narrativa, que enfeixa os ensinamentos do Cristo sob a ótica do Espiritismo, correlacionados a diversos assuntos de ordem espiritual e humana. Suas personagens principais — crianças sedentas de amor e de conhecimento — encantam pela perseverança no bem, sempre amparadas pela nobre e sábia Vovó Angel, que, como o próprio nome já diz, é um anjo do Senhor em suas vidas de aprendizado rumo à luz.

PELO ESPÍRITO BLANDINA
PSICOGRAFIA DE CARLOS MALAB

ENCERRAM 2. ed.indd   244   26/04/2018   0

LEIA TAMBÉM

EVANGELHO PURO, PURO EVANGELHO —
NA DIREÇÃO DO INFINITO

Seguidor inconteste da Boa Nova do Cristo, e espírita em sua mais pura essência filosófica, Martins Peralva deixou para os estudiosos da Doutrina textos de iluminada sabedoria e reflexão, que foram reunidos no livro *Evangelho puro, puro Evangelho — Na direção do Infinito*, organizado por Basílio Peralva, e que a Vinha de Luz Editora trouxe a lume numa homenagem ao centenário de nascimento do *médium do século*, Francisco Cândido Xavier (1910|2010). A obra, que congrega artigos publicados na imprensa de 1945 a 1999, é indispensável ao homem de boa vontade, abordando temas imprescindíveis a todos os corações que jornadeiam rumo ao progresso espiritual.

MARTINS PERALVA
ORGANIZAÇÃO DE BASÍLIO PERALVA

RÉSTIA DE LUZ

Primeiro livro editado pela Vinha de Luz Editora, lançado por ocasião do bicentenário de Allan Kardec (1804|2004) e dos 140 anos da primeira edição de *O Evangelho Segundo o Espiritismo* (1864|2004). Traz mensagens recebidas de espíritos diversos, psicografadas pelo médium Geraldo Lemos Neto, que interpretam as lições de *O Evangelho Segundo o Espiritismo*, nos indicando os caminhos mais certos da vida no permanente convite de nosso Mestre e Senhor Jesus.

ESPÍRITOS DIVERSOS
PSICOGRAFIA DE GERALDO LEMOS NETO

246

LEIA TAMBÉM

IGNÁCIO DE ANTIOQUIA

Uma viagem ao tempo da simplicidade e da pureza do Cristianismo, em sua mais bela e genuína expressão. Obra mediúnica repleta de episódios históricos do Cristianismo primitivo, que resgata para a memória da humanidade a vida e a trajetória de um dos seguidores mais valorosos de nosso Senhor Jesus Cristo.

PELO ESPÍRITO THEOPHORUS
PSICOGRAFIA DE GERALDO LEMOS NETO

VINHA DE LUZ

Departamento Editorial da Casa de Chico Xavier
Av. Álvares Cabral, 1777 — 20º andar — Sala 2006
Santo Agostinho | 30170-001 | Belo Horizonte | MG
(31) 2531-3200 | 2531-3300 | 3517-1573

www.vinhadeluz.com.br
informacoes@vinhadeluz.com.br

www.casadechicoxavier.com.br

Este livro foi composto em tipologia Zapf Humanist,
corpo 9, predominantemente. Capa flexível em PVC
e miolo impresso em Pólen Soft 80g.
Lis Gráfica e Editora Ltda. | Guarulhos | São Paulo